AF286925

Vermögensaufbau leicht gemacht –

Die besten Tipps für Ihre Geldanlage

Vermögensaufbau leicht gemacht –
Die besten Tipps für Ihre Geldanlage

Autor: Torsten Hauschild

Verlag: Books on Demand GmbH

© 2009 Herstellung und Verlag: Books

on Demand GmbH, Norderstedt

3., überarbeitete Auflage:

© 2014 Herstellung und Verlag: Books

on Demand GmbH, Norderstedt

ISBN 978-3-8423-6331-1

Inhaltsverzeichnis

1. Einleitung

2. Das achte Weltwunder: Der Zinseszinseffekt

3. Festverzinsliche Wertpapiere

4. Immobilien

5. Edelmetalle

6. Aktien

7. Das Kurs-Gewinn-Verhältnis

8. Die Dividende

9. Auswahlkriterien

10. Börsenpsychologie

11. Anlage in Fonds

12. Der Einfluss der Inflation

13. Konsequenzen der Abgeltungssteuer

14. Fazit

1. Einleitung

Geldanlageentscheidungen sind strategische Weichenstellungen für Ihr weiteres Leben. Von Ihnen hängt u.a. ab, ob Sie künftige Ziele erreichen. Je früher Sie anfangen, die Weichen auf finanziellen Erfolg zu stellen, desto eher können Sie Ihr Ziel der finanziellen Unabhängigkeit erreichen.

In diesem Buch werden die Grundlagen der Geldanlage kurz und knapp erklärt. Dabei werden wichtige Geldanlagethemen wie beispielsweise Abgeltungssteuer, Börsenpsychologie, Edelmetalle, Inflation, Wertpapieranalyse und Zinseszinseffekt erläutert.

2. Das achte Weltwunder: Der Zinseszinseffekt

Einstein bezeichnete den Zinseszinseffekt als achtes Weltwunder. Wenn Sie z.B. mit einer Anlage jährlich einen Wertzuwachs von 10 % erzielen und kein Kapital entnehmen, verdoppelt sich der Wert ihres Kapitals ungefähr alle sieben Jahre. Mathematisch handelt es sich hierbei um eine Exponentialfunktion. Anschaulich können Sie sich dies als Schneeballeffekt einer Lawine vorstellen.

Je länger Sie den Zinseszinseffekt für sich arbeiten lassen, desto höher ist der Wertzuwachs pro Jahr. Aus diesem Grund können in jungen

Jahren abgeschlossene Lebens- und Rentenversicherungen auch bei kleinen Sparraten im Alter ein enormes Kapital erzeugen. Der Zinseszinseffekt ist auch dafür verantwortlich, dass so viele Menschen mit Aktien und Aktienfonds reich geworden sind.

Wenn Sie im Alter von 25 Jahren einen Betrag von 25.000 € mit 10 % jährlicher Rendite anlegen, haben Sie mit 65 Jahren 1.131.481,40 €. Daran wird deutlich, wie Sie der Zinseszinseffekt zum Millionär machen könnte.

Auch ist der Zinseszinseffekt ein Grund dafür, dass Reiche immer reicher werden. Wer einmal Geld hat, braucht dieses nur zu einer guten Rendite anzulegen und sein Vermögen wird automatisch immer höher. Wer dagegen Schulden hat, kommt häufig bei der Tilgung seiner Verbindlichkeiten nicht gegen den Zinseszinseffekt an – die Schulden werden immer mehr.

Der Zinseszinseffekt hat schon viele Schuldner in die Privatinsolvenz geführt. Dass die Schere zwischen Armen und Reichen immer weiter auseinander geht, liegt also auch am Zinseszinseffekt.

Machen Sie nicht den Fehler, ohne Not für Verbrauchsgüter einen Kredit aufzunehmen! Wenn Sie die Möglichkeit haben, sparen Sie lieber und lassen Sie Ihr Geld durch den Zinseszinseffekt für sich arbeiten.

3. Festverzinsliche Wertpapiere

Festverzinsliche Wertpapiere sind Anleihen. Hier leihen Sie einem Staat (Staatsanleihen) oder einem Unternehmen (Unternehmensanleihen) Geld.

Das Unternehmen, dem Sie bei einer Unternehmensanleihe Geld leihen, investiert dieses Geld mit dem Ziel, damit Erträge zu erzielen. Dieses ist für das Unternehmen nur sinnvoll, wenn die zu erwartenden Erträge höher sind als die Zinsen, die an Sie zurückgezahlt werden.

Das Geld aus Staatsanleihen wird dem laufenden Staatshaushalt hin zu geführt und kann häufig durch höhere

Steuereinnahmen zurückgezahlt werden. Als Gegenleistung dafür, dass Sie Geld verleihen, erhalten Sie von dem Emittenten (Schuldner) der Anleihe Zinsen. Die Zinsen werden Ihnen normalerweise jährlich gutgeschrieben (hier spricht man aufgrund der regelmäßig wiederkehrenden Zahlung auch von Renten). Bei so genannten endfälligen Anleihen erhalten Sie alle Zinsen am Ende der Laufzeit zusammen mit Ihrem verliehenen Kapital zurück.

Festverzinsliche Wertpapiere sind weniger risikoreich als Aktien oder Immobilien. Sie unterliegen allerdings dem Emittentenrisiko, d.h. wenn der Staat oder das Unternehmen, dass eine Anleihe herausgibt in Konkurs geht, verlieren Sie Ihr Geld.

Anleihen sind meistens an der Börse notiert und unterliegen damit Kursschwankungen. Wenn die Leitzinsen durch die Zentralbank (in der EU ist dieses die Europäische Zentralbank) erhöht werden, schmälert dieses den Wert bestehender Anleihen, so dass diese an der Börse zu einem niedrigeren Kurs notieren. Umgekehrt führt eine Zinssenkung durch die Zentralbank zu einem höheren Wert bei vorhandenen Anleihen, da neue Anleihen nun zu einem niedrigeren Zins emittiert werden. Dies führt dazu, dass Rentenfonds in Phasen fallender Zinsen an Wert gewinnen und bei steigenden Zinsen an Wert verlieren.

4. Immobilien

Sie können auch direkt in Immobilien oder in Immobilienfonds investieren. Fremdgenutzte Immobilien bieten Miete als Kapitalertrag (unterliegt der Einkommenssteuer und nicht der Abgeltungssteuer). Bei Immobilienfonds werden die Kapitalerträge im regelmäßigen Turnus (z.B. zweimal jährlich) ausgeschüttet.

Je höher die Inflation ist, desto attraktiver können Immobilien und Immobilienfonds werden. Denn sie erzielen meistens Wertsteigerungen in Höhe der Inflation. Unter Umständen kann es sinnvoll sein, in Immobilienfonds anstatt in eine selbst genutzte Immobilie zu investieren. Aus den Ausschüttungen können Sie dann Ihre Miete mindern. Mit Immobilienfonds können Sie ebenso wie bei einer selbst genutzten Immobilie von Wertsteigerungen profitieren.

Außerdem können Sie Immobilienfonds – im Gegensatz zu Immobilien – bei einem Umzug leicht mitnehmen. Vor dem Kauf einer selbst genutzten Immobilie sollten Sie beide Szenarios durchrechnen. Wenn Sie sich für eine selbst genutzte Immobilie entscheiden, sparen sie allerdings die Abgeltungssteuer auf die eingesparte Miete (gegenüber den Immobilienfonds).

5. Edelmetalle

Zu Edelmetallen gehören Platin, Gold, Palladium und Silber. Sie bieten Sicherheit gegen Finanzkrisen, da sie keinen Schuldner haben, der ausfallen kann. Zusätzlich bieten sie Schutz gegen Inflation (siehe auch dazugehöriges Kapitel).

Empfehlenswert ist es, Edelmetalle physisch zu kaufen und sie z.B. in einem Schließfach bei der Hausbank zu deponieren. Zertifikate auf Edelmetalle sind weniger geeignet Finanzkrisen vorzubeugen, da sie im Falle einer Pleite der Emissionsbank wertlos sind.

Außerdem enthalten sie versteckte Gebühren. Zertifikate unterliegen zudem der Abgeltungssteuer.

Physische Edelmetalle sind nach einem Jahr Haltedauer abgeltungssteuerfrei. Physisches Gold ist mehrwertsteuerfrei. Auf Silbermünzen wird neuerdings eine Mehrwertsteuer von 19 % fällig. Auf Silberbarren, physisches Palladium und physisches Platin sind beim Kauf 19 % Mehrwertsteuer zu zahlen. Steuerlich gesehen ist also die Anlage in Goldmünzen oder Goldbarren anderen Edelmetallanlagen vor zu ziehen.

6. Aktien

Aktien sind Unternehmensbeteiligungen. Indem Sie Aktien kaufen, werden Sie direkt zum Mitinhaber eines Unternehmens. Sie sind am Erfolg oder am Misserfolg des Unternehmens direkt mitbeteiligt. Im Falle eines Konkurses können Sie Ihr ganzes Geld verlieren. Aktien sind sehr viel risikoreicher als Unternehmensanleihen und Immobilien. Es besteht das Risiko eines Totalverlustes.

Sie sind aber auch sehr viel chancenreicher, denn bei großem wirtschaftlichem Erfolg kann sich der Wert des

Unternehmens vervielfachen (und damit auch der Wert Ihrer Aktien).

Die Preisbildung von Aktien erfolgt an der Börse, wo auch viele kurzfristige Einflussfaktoren eine Rolle spielen. Psychologische Faktoren haben einen sehr starken kurzfristigen und mittelfristigen Einfluss auf die Börsenkurse.

Diesem Thema widmen wir uns in einem gesonderten Kapitel. Langfristig folgt der Kurs einer Aktie ihrem inneren Wert.

7. Das Kurs-Gewinn-Verhältnis

Das Kurs-Gewinn-Verhältnis (KGV) ist der wichtigste Gradmesser zur Bewertung von Aktien. Anhand des KGV lässt sich abschätzen, ob eine Aktie teuer, preiswert oder fair bewertet ist. Das Kurs-Gewinn-Verhältnis ist die Relation zwischen dem Kurs einer Aktie und dem Gewinn pro Aktie.

Mit dem KGV kann der Anleger also beurteilen, wie viel er für die Beteiligung am Gewinn eines Unternehmens durch Kauf einer Aktie bezahlen muss. Je niedriger das Kurs-Gewinn-Verhältnis einer Aktie ist, desto preiswerter ist diese Aktie.

Eine andere Erklärung kann das KGV noch weiter veranschaulichen: Das Kurs-Gewinn-Verhältnis sagt aus, wie viele Jahre es bei gleich bleibendem Gewinn dauert, bis der Wert einer Aktie verdient ist (und damit das für die Aktie ausgegebene Geld erwirtschaftet ist).

Wenn z.B. das KGV einer Aktie 15 ist, dauert es bei konstantem Gewinn 15 Jahre, bis das Geld für den Kauf der Aktie verdient worden ist.

Um zu beurteilen ob eine Aktie gerade günstig bewertet ist, können Sie die KGV-Zins-Relation heranziehen. Hierbei teilen Sie 100 durch den marktüblichen Zins. Ist das KGV eines Unternehmens kleiner als die KGV-Zins-Relation, ist die Aktie dieses Unternehmens preiswert. Wenn beispielsweise der marktübliche Zins 5 beträgt, ergibt sich hierbei eine KGV-Zins-Relation von 20. In diesem Fall ergibt sich aus der KGV-Zins-Relation, dass ein KGV kleiner als 20 günstig ist.

Natürlich sollte hierbei auch ein Blick auf die Zinstendenz und die Gewinntendenz des betrachteten Unternehmens geworfen werden. Die KGV-Zins-Relation und das KGV einer Aktie verändern sich mit der Zeit. Außerdem sollte bei der Betrachtung des KGV's ein Vergleich zwischen verschiedenen Unternehmen der gleichen Branche erfolgen, da die Höhe des KGV auch durch die Branche bestimmt wird. Daher kann ein Vergleich des KGV von Unternehmen unterschiedlicher Branchen ein Vergleich von Äpfeln mit Birnen sein.

Das KGV ist des Weiteren vom Börsenzyklus abhängig. Auf dem Gipfel einer Hausse sind die KGV's besonders hoch. Auf dem Höhepunkt einer Baisse sind die KGV's dagegen außerordentlich niedrig.

Kritisch ist zu sehen, dass ein außergewöhnlich günstiges Kurs-Gewinn-

Verhältnis auch ein Vorzeichen einer Gewinn-Warnung (Nichteinhaltung von Gewinnprognosen) sein kann. Umgekehrt kann ein besonders günstiges KGV auch Folge einer Gewinn-Warnung sein. Letzteres kann eine Kaufgelegenheit sein.

8. Die Dividende

Die Dividende ist die Kapital-Ausschüttung bei einer Aktie. Was bei einer Anleihe der Zins ist, ist bei einer Aktie die Dividende. Die Dividende wird aus dem Unternehmensgewinn bezahlt, kann aber auch der Unternehmenssubstanz entnommen werden.

Deutsche Unternehmen zahlen einmal im Jahr die komplette Dividende für das gesamte Geschäftsjahr aus (häufig im Mai). Darüber hinausgehende Zahlungen sind meistens Sonderausschüttungen. In vielen anderen Ländern (wie z. B. Großbritannien) wird die Dividende häufig in

zwei halbjährigen Zahlungen ausgeschüttet. In den U.S.A. sind dagegen
quartalsweise Dividendenzahlungen
üblich, d.h. alle drei Monate erhält
der Aktionär ein Viertel seiner jähr-
lichen Dividende.

Die Besteuerung der Dividenden ist
von Land zu Land unterschiedlich
und geschieht meistens in Form einer
Quellensteuer (siehe auch Kapitel 13
„Konsequenzen der Abgeltungssteuer"). Die Höhe der zu erwartenden Dividende wird den Aktionären
in der Einladung zur Hauptversammlung bekannt gegeben. Am Tag
nach der Hauptversammlung wird die
Dividende den Aktionären gut ge-

schrieben. Die Dividendenrendite hängt unter anderem von der Branche, der Unternehmensphilosophie, dem Börsenzyklus und der Unternehmensbewertung ab. Indirekt gibt es auch eine Abhängigkeit vom Leitzins der Zentralbank. Die Dividendenrendite kann unter oder über Euribor (dem marktüblichen Zins) liegen.

Macht die Aktiengesellschaft Verlust, kann die Dividende gestrichen werden. Besonders stark wachsende Unternehmen verzichten mitunter auch auf eine Dividende, weil sie den Gewinn in die Aktiengesellschaft reinvestieren (wieder anlegen).

Auf diese Weise wollen sie mit dem Geld der Aktionäre eine noch höhere Rendite erzielen, als diese es mit dem ausgeschütteten Geld erreichen könnten.

9. Auswahlkriterien

Wichtige Kriterien zur Auswahl einer Aktie sind:

- o Hohe Eigenkapitalquote des Unternehmens
- o Hohe Eigenkapitalrendite des Betriebes
- o Das Unternehmen sollte in keiner kapitalintensiven Branche tätig sein (der Investitionsaufwand [Kapitalbedarf] für die laufende Geschäftstätigkeit sollte möglichst gering sein)

o Preisbildungsspielräume:

Starke Marktstellung (das Unternehmen sollte in der Lage sein, seine Preise der Inflation anzupassen, ohne Kunden zu verlieren)

o Das Unternehmen sollte laufend steigende Gewinne erzielen

o Ehrliches Management (gute Manager sollten im Interesse der Aktionäre handeln und nicht nur ihren eigenen Vorteil vor Augen haben)

- o Konservative Finanzierung (das Unternehmen sollte auf keinen Fall auf Basis zukünftiger Gewinne finanziert werden)
- o Preiswerte Kurs-Buchwert-Relation
- o Günstiges Kurs-Gewinn-Verhältnis (siehe dazugehöriges Kapitel)

Je besser die Eigenkapitalquote des Unternehmens ist – je konservativer es finanziert ist – desto geringer ist das Konkursrisiko. Ein Unternehmen mit einer hohen Eigenkapitalquote kann eine Rezession viel besser überstehen, als ein Unternehmen mit einer geringen Eigenkapitalquote.

Je höher die Eigenkapitalrentabilität des Betriebs ist, desto mehr wird sich jedes Jahr der Gewinn erhöhen. Da der Kurs der Aktie langfristig dem Gewinn folgt, lassen sich hierdurch höhere Kurssteigerungen (neben höheren Dividenden) erzielen, als bei einem Unternehmen mit niedriger Eigenkapitalrentabilität.

Der Kapitalbedarf (Investitionsbedarf) des Betriebs sollte möglichst gering sein. Sind regelmäßig hohe Investitionen erforderlich, besteht das Risiko von Verlusten, wenn sich Planziele nicht erfüllen. Auch das Konkursrisiko ist bei Unternehmen mit einem hohen Kapitalbedarf sehr viel höher.

Branchen mit einem besonders hohen Kapitalbedarf sind derzeit z.B. Luft- und Raumfahrt sowie Automobilbau. Aktien von Unternehmen dieser Branchen haben ein erhöhtes Kapitalanlagerisiko.

Je stärker die Marktstellung des Unternehmens ist, desto leichter kann es seine Gewinne ausbauen. Deswegen sollten Sie als Anleger Unternehmen bevorzugen, an denen potenzielle Kunden nicht vorbei können. Am günstigsten sind für Sie Unternehmen mit einer monopolartigen (oder wenigstens oligopolartigen) Stellung.

Der Buchwert je Aktie sollte über dem Aktienkurs liegen. Wenn das Unternehmen Gewinne erzielt und kein Abschreibungsbedarf in seiner Bilanz vorhanden ist, wird der Kurs langfristig auf Höhe des Buchwerts pro Aktie (oder darüber hinaus) steigen.

10. Börsenpsychologie

Ein guter Anleger sollte immer auch die Börsenpsychologie berücksichtigen. Hierbei geht es sehr stark um antizyklisches Handeln. Denn Anleger bestärken sich in Ihrer Einschätzung der Situation an der Börse immer gegenseitig. Wenn alle Angst vor Verlusten haben, beeinflussen sich alle Akteure an der Börse in dieser Weise. Das Anlegerverhalten ist mit einer in Panik geratenen Herde Tiere vergleichbar.

Sind alle Anleger überschwänglich, ist das Herdenverhalten in umgekehrter Richtung zu beobachten.

Jeder bestärkt jeden in seiner positiven Einschätzung.

Wenn die Stimmung an der Börse auf dem Tiefpunkt ist, ist der Umschwung nicht mehr fern. In dieser Situation senken die Notenbanken die Zinsen, was den Unternehmen Liquidität verschafft. Aktien werden im Vergleich zu festverzinslichen Anlagen attraktiver.

Ist die Stimmung an der Börse dagegen überschwänglich und euphorisch, ist der Crash nicht mehr weit. Nun erhöhen die Zentralbanken die Zinsen. Den Unternehmen wird Liquidität entzogen. Festverzinsliche Wertpapiere werden als Gegenstück zu Aktien attraktiver.

Ein guter Kontraindikator für die Stimmung an den Börsen ist die Berichterstattung in Medien, die sich normalerweise nicht mit der Börse beschäftigen (wie z.B. Boulevardzeitungen). Verbreiten diese Medien Panik und raten zum Verkauf von Aktien, hat der Anleger die Chance zuzugreifen und sich Aktien ins Depot legen.

Sind die Berichte dieser fachfremden Medien dagegen euphorisch und empfehlen Aktien zum Kauf, sollte der Anleger die Finger von Aktien lassen. In diesem Fall ist ein günstiger Zeitpunkt zum Verkauf von Aktien.

In normalen Börsenphasen, in denen weder Panik noch Euphorie herrscht, beschäftigen sich fachfremde Medien übrigens kaum mit der Börse. Börsenberichte sind zu diesem Zeitpunkt zu unspektakulär für Leser und Zuschauer, die ebenfalls nicht vom Fach sind. Wenn es also in Boulevardzeitungen oder Boulevardfernsehen Börsenempfehlungen gibt, wäre häufig das Gegenteil dieser Empfehlung richtig!

11. Anlage in Fonds

Aktienfonds ermöglichen auch bei kleineren Anlagebeträgen eine höhere Streuung als bei Anlage in Einzelwerten. Auch werden Fonds gemanagt. Fondsmanager entscheiden, welche Aktien von einem Fond gekauft oder verkauft werden. Daher müssen Sie sich als Fondsanleger nicht tagtäglich mit Ihrer Geldanlage auseinander setzen.

Die Dividenden, der im Fonds enthaltenen Aktien, werden entweder an die Anleger ausgeschüttet, dann spricht man von einem ausschüttenden Fond. Wenn die Dividenden des

Fonds wieder angelegt werden, handelt es sich um einen thesaurierenden Fond.

Rentenfonds investieren in eine breite Palette von festverzinslichen Wertpapieren (meistens Staats- und Unternehmensanleihen) und streuen so das Ausfallrisiko einzelner Anleihen. Bei Rentenfonds sind bei Leitzinsänderungen Kursgewinne oder Kursverluste möglich.

Grundsätzlich sollte ein Fond immer der Anlegermentalität und der Risikoneigung des Anlegers entsprechen.

Ein guter Berater fragt diese Eigenschaften des Kunden ab, bevor er eine Anlageempfehlung gibt.

Eine Anlage in Fonds ist auch in Form der fondsgebundenen Renten- oder Lebensversicherung möglich. Bei der fondsgebunden Riesterrente können die Sparbeiträge voll von der Einkommenssteuer abgesetzt werden. Bei der fondsgebundenen Rüruprente (auch genannt Basisrente) kann immerhin ein Teil der Sparbeiträge von der Einkommenssteuer abgesetzt werden (2014 können 78 % der Beiträge abgesetzt werden).

12. Der Einfluss der Inflation

Die Inflation nagt an Ihrem Vermögen. Damit Ihr Vermögen überhaupt wächst, sollte der Ertrag einer Anlage immer höher sein als die Inflation (um den realen Ertrag einer Anlage zu ermitteln, ist noch die Abgeltungssteuer vom Ertrag vor Steuern abzuziehen).

Beträgt beispielsweise die Inflationsrate 2,88 %, benötigen Sie einen Kapitalertrag vor Steuern von etwa 4 % um abzüglich der Abgeltungssteuer und inflationsbereinigt einen Kapitalerhalt zu erreichen. Ihre Realrendite nach Steuern ist hierbei 0 %.

Sparbücher und Bausparverträge sind in der Regel keine inflationsgeschützten Geldanlagen. Sie bieten eine so geringe Rendite, dass die inflations- und abgeltungssteuerbereinigte Rendite negativ ist. Bei diesen Anlagen wird Ihr Geld also ständig weniger.

Tagesgeldkonten und Geldmarktfonds bieten eine Realrendite, die einem Inflationsausgleich nahe kommen kann. Die Rendite abzüglich Inflation und Abgeltungssteuer ist aber häufig nur bei nahezu 0%.

Rentenpapiere und Anleihen können eine positive Realrendite bieten, wenn sie in einer günstigen Marktphase (mit hohen Zinsen) eingekauft werden. Unter ungünstigen Umständen kann auch hier die Realrendite negativ sein.

Lebens- und Rentenversicherungen sind imstande, eine positive Realrendite zu erzielen (die Rendite ist dann auch nach Abzug der Inflation und steuerbereinigt positiv). Dieses ist durch die langfristige Ausrichtung und steuerliche Bevorzugung dieser Anlagen möglich.

Den besten Inflationsschutz bieten Immobilien und Immobilienfonds sowie Aktien und Aktienfonds und Edelmetalle. Immobilien und Immobilienfonds sind Sachwerte. Ihr Wert folgt langfristig der Inflation. Zum Substanzwert kommen Miete bzw. Ausschüttungen (bei Immobilienfonds) hinzu.

Hinter Aktien und Aktienfonds stehen Anteile an Unternehmen. Somit sind sie in gewisser Weise auch Sachwerte. Langfristig steigt unter sonst gleichen Bedingungen mit der Inflation auch der Wert von Unternehmen und deren Aktien. Wer sein Geld in Aktien oder Aktienfonds investiert, braucht die Inflation weniger zu fürchten (geht aber ein höheres Kapitalanlagerisiko ein - siehe Kapitel 6). Edelmetalle gewinnen unter sonst gleichen Bedingungen in Höhe der Inflation an Wert.

13. Konsequenzen der Abgeltungssteuer

Seit dem 1.1.2009 ist in Deutschland die Abgeltungssteuer in Kraft. Die Abgeltungssteuer ist eine einheitliche Steuer auf Kapitalerträge. Sie beträgt 25 % zuzüglich Solidaritätszuschlag und eventuell Kirchensteuer auf den Kapitalertrag. Bei einem Anleger, der Kirchenmitglied ist, behält der Staat von 100 € Kapitalertrag ungefähr 28 € Steuern ein.

Die Steuer gilt genauso für Kursgewinne (unabhängig von der Haltedauer) wie für Zinsen, Dividenden und Ausschüttungen. Dabei sind alle Asset-Kategorien von der Abgeltungssteuer betroffen. Gegenüber dem alten Recht vor 2009 werden vor allem Anleger schlechter gestellt, die in Aktien und Aktienfonds investieren wollen.

Allerdings werden bestimmte Formen der Altersvorsorge vom Staat in Bezug auf die Abgeltungssteuer bevorzugt. Riester-Verträge sind ebenso wie Rürup-Verträge (Basis-Renten) komplett von der Abgeltungssteuer freigestellt.

Herkömmliche Lebens- und Rentenversicherungen mit einer Laufzeit von mindestens 12 Jahren und einer Auszahlung ab dem 60. Lebensjahr, sind ebenfalls steuerlich begünstigt.

Der Staat möchte auf diese Weise private Altersvorsorge fördern, um Altersarmut in der Bevölkerung zu verhindern.

Diese Bevorzugung von privater Altersvorsorge bei der Abgeltungssteuer gilt auch für fondsgebundene Policen.

Wer seinen Wohnsitz in Deutschland hat und sein Geld verzinslich im Ausland anlegt, ist verpflichtet, in Deutschland die Abgeltungssteuer abzuführen. Andernfalls macht er sich strafbar.

Wer in das Ausland umzieht, hat die Möglichkeit, die deutsche Abgeltungssteuer zu umgehen.

Allerdings haben viele Länder ähnliche Steuern auf Kapitalerträge (im Gegensatz zu einigen Steueroasen).

14. Fazit

Seien Sie diszipliniert, sparen Sie und lassen Sie Ihr Geld für sich arbeiten. Entscheiden Sie sich für eine persönliche Geldanlagestrategie, die zu Ihnen passt. Spätestens dann, wenn Sie in den Altersruhestand gehen, sollten Sie Ihre finanzielle Unabhängigkeit erreicht haben. Andernfalls sind Sie gezwungen, auch als Rentner zu arbeiten oder staatliche Unterstützung in Anspruch zu nehmen.